"상상력은 우리를 실제로 존재하지 않는 세계로 자주 데려가지만, 상상력이 없다면 우리는 아무 곳에도 갈 수 없다."

– 칼 세이건

하늘의 별들을 경이로운 눈으로 바라본 또 한 명의 소년이었고,
그 경이로움을 내게 나눠 준, 나의 아버지 브라이언 로스에게

칼 세이건

『코스모스』로 우주의 신비를 들려준 천문학자

감사의 말

아버지 브라이언 로스와 어머니 말리스 로스에게 큰 고마움을 표시하고 싶습니다. 부모님은 내가 어릴 때 칼 세이건의 책을 선물했지요. 그리고 제 비평 집단, 그중에서도 특히 섀런 러브조이에게 감사드립니다. 이들은 이 책의 초고를 열두 번이나 바꾸는 과정을 묵묵히 참아 주었지요. 또, 이 이야기의 잠재력을 알아채고 끈기 있게 책으로 완성시킨 애비게일 새먼과 캐서린 제이콥스에게도 감사드립니다. 그리고 이 이야기를 쓰는 작업을 시작하도록 권하고, 작업 과정에서도 격려를 아끼지 않은 남편 프레드에게 큰 고마움을 표시하고 싶습니다.

Star Stuff: Carl Sagan and the mysteries of the cosmos
by Stephanie Roth Sisson

Copyright ⓒ 2014 by Stephanie Roth Sisson
All rights reserved.
Korean Translation Copyright ⓒ 2015 by Dourei Publication Co.
This Korean edition was published by arrangement with Roaring Brook Press, a division of Holtzbrinck Publishing Holdings Limited Partnership through KCC(Korea Copyright Center Inc.).

이 책의 한국어판 저작권은 (주)한국저작권센터(KCC)를 통해 저작권자와 독점계약을 맺은 도서출판 두레가 갖고 있습니다. 저작권법에 의하여 한국 내에서 보호를 받는 저작물이므로 무단으로 전재하거나 복제할 수 없습니다.

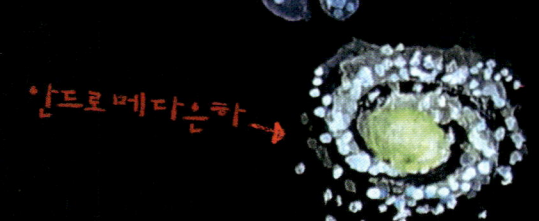
안드로메다은하

칼 세이건

『코스모스』로 우주의 신비를 들려준 천문학자

스테파니 로스 시슨 글·그림 ★ 이충호 옮김

삼각형자리은하

우리은하

두레아이들

여러 별들 가운데……

태양에서 세 번째 행성……

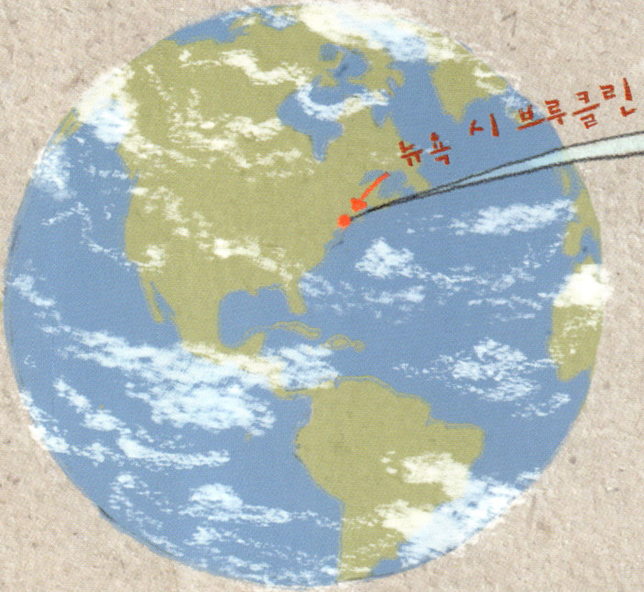

뉴욕 시 브루클린

어느 큰 도시의……

작은 아파트에……

칼이라는 소년이 살았습니다.

칼은 모든 것에 호기심이 많았습니다.

세상의 모든 것이 신기하게만 느껴졌어요.

칼은 상상력으로 주변의 작은 세상을 벗어나
아주 먼 곳까지 날아갔습니다.

* 세계 박람회: 인류가 이룩한 업적과 미래에 대한 전망을 한 자리에서 비교·전시하는 경제·문화 올림픽으로, 흔히 엑스포라고 함.

미래로 보내는 메시지를 가득 넣은
타임캡슐*도 있었어요.

★ 타임캡슐: 시대를 대표하는 물건이나 기록을
  담아서 후세에 온전히 전할 목적으로 만든 용기.
  보통 땅이나 지하에 저장해 둔다.

깊은 잠은 새 장까줄에 매달린
친구들처럼 빛나는 밤하늘의
별들을 보며 생각했어요.

저것들은 도대체 무엇일까?

그것은 전혀 엉뚱한 책이었어요.

마침내 사서가 제대로 된 책을 갖다 주자,

칼은 책장을 한 장씩 넘길 때마다 심장이 점점 빠르게 두근두근 뛰었어요.

칼은 호기심이 더 커졌어요.
만약 다른 별을 여행한다면,
거기서 무엇을 보게 될까
상상했어요.

태양은 활활 불타는 거대한 기체 덩어리로, 기체 물질은 중력에 붙들려 달아나지 못하고 한 곳에 모여 있다. 지구를 포함해 9개의 행성이 그 주위를 돌고 있다.

같은 많은 과학자들이 다른 별들에도
그 주위를 도는 행성이 있다고 믿는다는
이야기를 읽었어요.

칼은 다른 행성에 사는 생물들은 어떻게 생겼을지 상상하여
쓴 이야기들을 읽었어요. 존 카터를 가장 좋아했는데, 그처럼
양팔을 쭈욱 벌리고 서서 화성으로 가고 싶다고 생각해 보기도 했어요…….

하지만 아무 일도 일어나지 않았어요.

칼은 더 많이 공부하기로 했어요. 그래서 생명과 우주에 대해 열심히 공부하다가 마침내……

칼 세이건 박사가 되었어요.
칼은 다른 행성들은 실제로 어떤 모습인지 알고 싶었어요.
그래서 다른 과학자들과 함께 가까운 행성에
무인 우주 탐사선을 보내는 계획에 참여했어요.

무인 우주 탐사선은 촬영한 사진과 탐사 자료를 지구로 보냈어요.

칼은 별과 행성과 생명의 탄생에 대해 알아낸 것들을
생각하면 온몸에 소름이 돋을 정도로 흥분을 느꼈어요.
그리고 다른 사람들도 우리가 별의 일부라는 사실을
알고 자신과 똑같은 흥분을 느끼길 원했어요.
그래서 칼은 텔레비전에 출연했습니다.

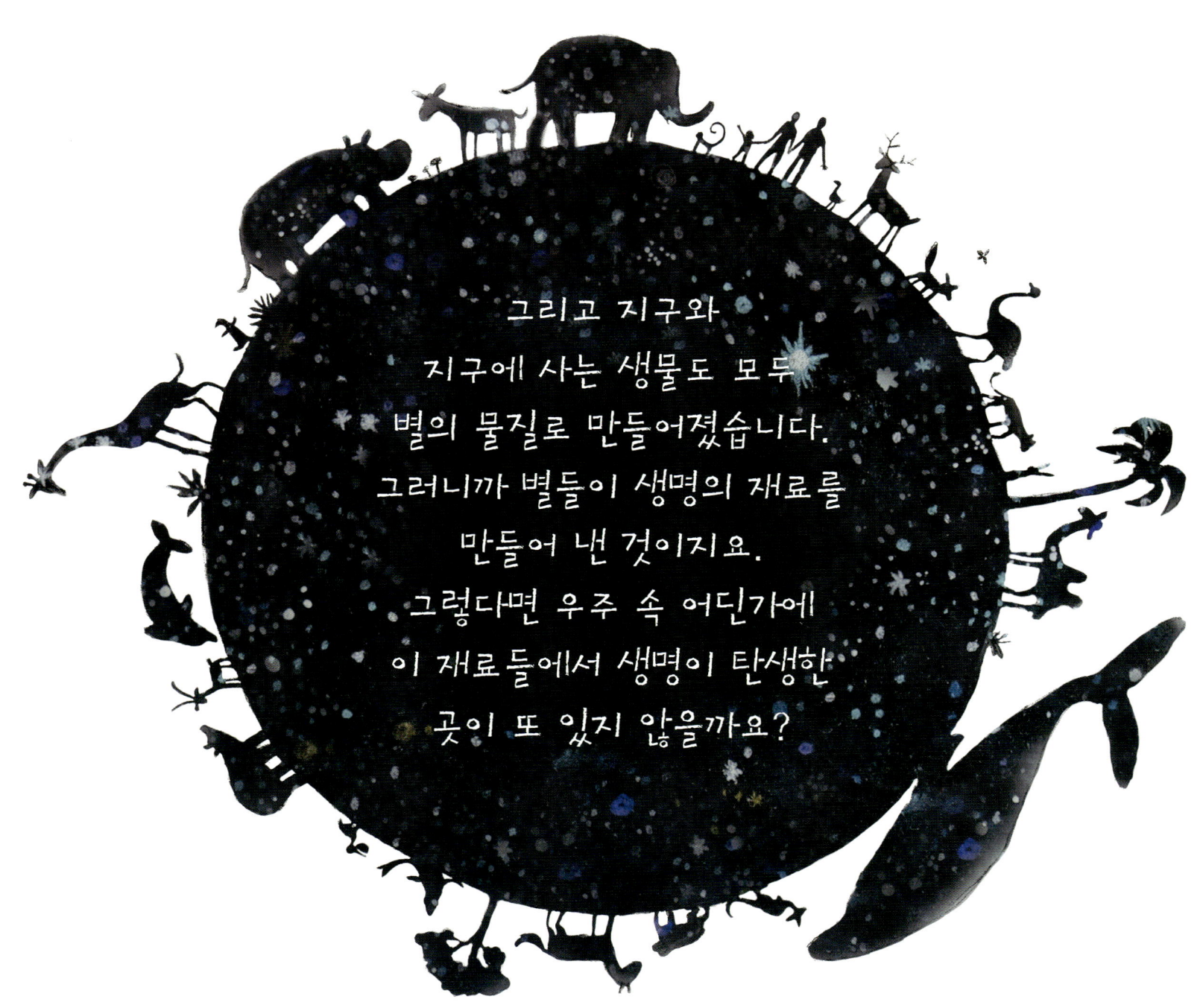

그리고 지구와
지구에 사는 생물도 모두
별의 물질로 만들어졌습니다.
그러니까 별들이 생명의 재료를
만들어 낸 것이지요.
그렇다면 우주 속 어딘가에
이 재료들에서 생명이 탄생한
곳이 또 있지 않을까요?

칼과 동료 과학자들은 보이저 1호와 보이저 2호를 우주로 보낼 준비를 했어요. 두 무인 우주 탐사선은 목성과 토성을 비롯해 태양계의 먼 행성들을 탐사하면서 사진과 자료를 보내올 목적으로 발사되었습니다. 그리고 이 임무를 마친 뒤에는 태양계를 벗어나 이웃 별들을 향해 계속 나아갈 예정이었어요.

그때, 칼에게 아주 좋은 생각이 떠올랐어요.

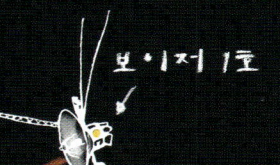

보이저 1호

지구

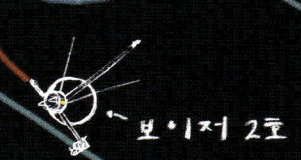

보이저 2호

이들 우주 탐사선에 타임캡슐처럼
우리의 소식을 실어 태양계
밖으로 보낸다는 생각이었어요.

인사를 하지 않으면 실례라고 생각했지요.

두 보이저호는
이러한 인사말과 지구 소식을 싣고
마침내 우주를 향해 출발했어요.

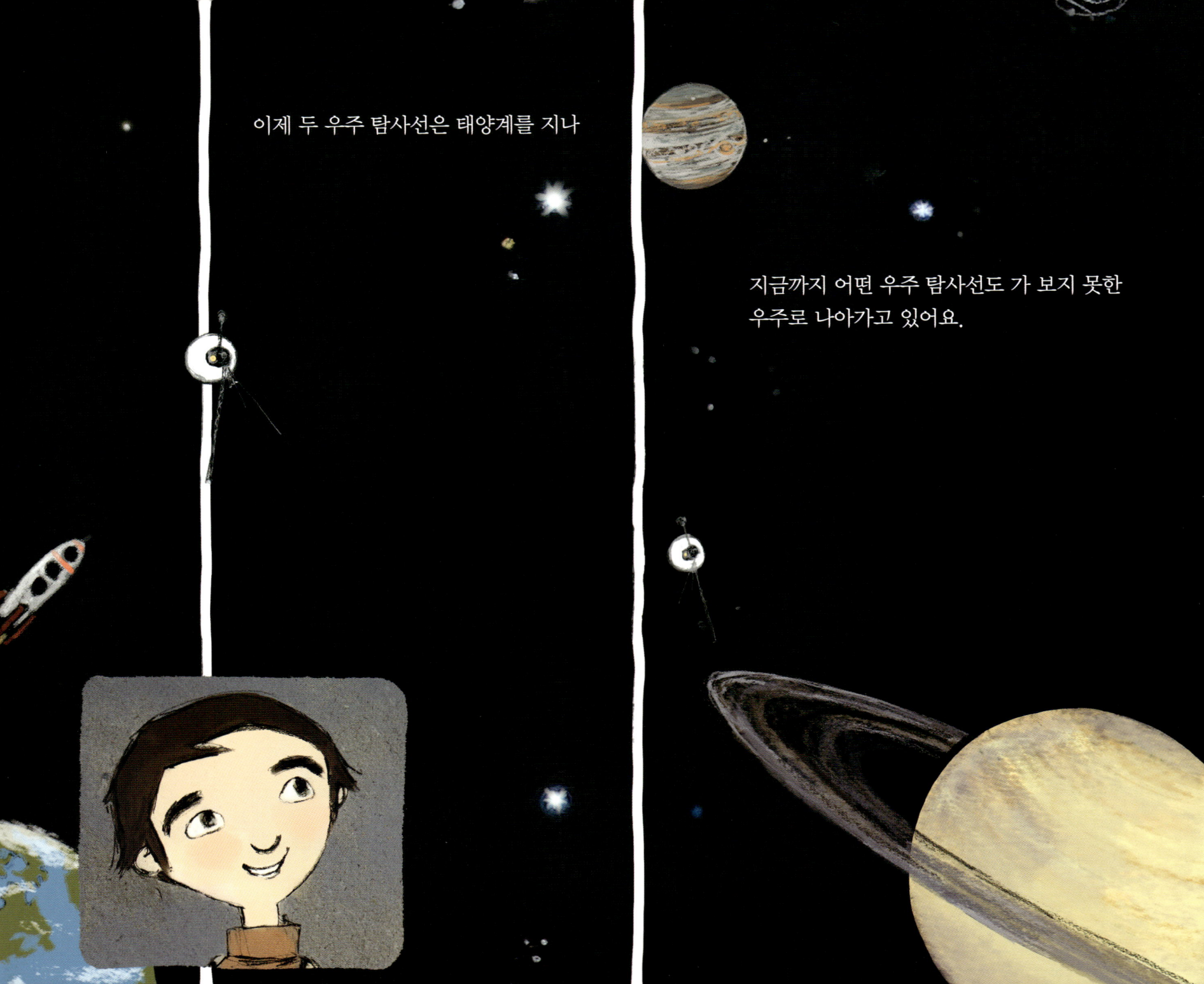

별의 물질로 만들어진 호기심 많던 소년이 결국 태양계의 행성들을
탐사하고 먼 우주로 날아가는 우주 탐사선을 쏘아 보내는 일에
중요한 역할을 했어요. 두 보이저호는 칼이라는 소년의 상상력을
싣고 지금도 성간 공간*을 계속 여행하고 있어요.

와우!

★ 성간 공간: 항성과 항성 사이의 공간.

지은이의 말

내가 어렸을 때에는 과학이 무척 따분한 과목이었어요. 과학은 우리에게서 아득히 먼 곳에 있고, 우리와 아무 상관도 없는 분야처럼 보였어요. 그러다가 1980년에 내 생각을 확 바꿔 놓은 사건이 일어났습니다. 바로 칼 세이건의 〈코스모스〉가 텔레비전에 방영된 것이지요. 겨우 13회분의 이야기를 통해 칼 세이건 박사는 시청자들에게 우주의 탄생에서부터 현재까지 우주의 역사를 보여 주었습니다. 그리고 과학자들이 알아낸 것들을 설명하고, 언젠가 우리가 알아낼 것들에 대해서도 이야기했지요. 나는 〈코스모스〉를 보고 나서 세계를 다른 눈으로 보기 시작했습니다. 칼 세이건 박사의 과학 사랑은 전염성이 있었고, 우리가 '별의 물질(Star Stuff)'로 만들어졌다는 사실은 내게 큰 기쁨을 주었습니다. 나도 칼 세이건과 마찬가지로 다음에 또 우리가 어떤 것을 발견할지 생각하면서 크게 흥분했지요!

   칼 세이건의 전기를 쓸 때 가장 어려운 점은 그가 한 일이 엄청나게 많다는 것입니다. 그는 아버지, 탐험가, 사회운동가, 교육자, 천체물리학자, 철학자, 낙관론자이자 회의론자, 시인이자 과학 소설 작가 등 다방면으로 활동했습니다. 그리고 45년 이상 우주 탐사를 앞에서 이끌기도 했지요. 그는 달 여행을 떠나는 아폴로 우주 비행사들에게 달 탐사 여행에서 예상되는 일을 설명했고, 다른 행성들에 존재할지도 모르는 생명체에 대해 추측했으며, 다른 천체로 무인 우주 탐사선을 보내는 일도 도왔습니다. 보이저호의 임무는 이런 우주 계획 중에서도 가장 거대한 것이었어요. 보이저호에는 금으로 만든 음반이 실려 있는데, 이것은 과학의 발견을 위해 헌신한 칼 세이건의 노력과 선의를 상징적으로 나타낸 것이라고 할 수 있습니다.

칼 세이건은 과학 소설에 대한 사랑뿐만 아니라 과학 지식과 뛰어난 상상력까지 겸비하여 누구도 흉내 내기 힘든 영향력을 떨쳤습니다. 그는 책과 논문, 기사를 썼을 뿐만 아니라, 텔레비전에도 나가 수억 명의 전 세계 시청자에게 과학의 위대한 발견을 설명했어요. 시적인 문체와 말투는 많은 세대에게 큰 감동을 주어 밤하늘을 경이로운 눈으로 바라보게 했지요.

이 전기에서 나는 뉴욕 브루클린의 벤슨허스트에서 자란 호기심 많은 소년이 어떻게 세상에서 가장 사랑받고 존경받는 과학자가 되었는지 이야기하려고 했어요. 별에 대해 궁금해하던 소년이 어떻게 그것을 전문적으로 연구하는 과학자가 될 수 있었을까요?

칼 세이건은 자신에 대해 이렇게 이야기했습니다. "제가 어린 시절의 꿈을 어느 정도 이룰 수 있었던 것은 운이 아주 좋았기 때문이라고 생각합니다. 운 좋게도 그 꿈을 이루기에 딱 알맞은 시대에 태어났으니까요. 나는 태양계 탐사 계획에 참여할 수 있었는데, 어린 시절의 과학 소설에 나오는 것과 놀라울 정도로 비슷한 임무였지요……. 제가 우주에 경이로움을 느끼고 과학 소설을 읽던 어린 시절부터 전문 과학자가 되기까지 그 전체 과정은 한 치의 어긋남도 없이 연속적으로 죽 이어졌습니다. '에이, 이건 내가 상상하던 것과 다르잖아!' 하고 실망하는 일은 한 번도 없었어요. 오히려 그 반대로 내가 상상했던 일들이 그대로 일어났고, 그래서 나는 운이 아주 좋았다고 생각합니다."

칼 세이건은 경이로움과 상상력과 과학에 대한 사랑을 통해 자신이 아주 거대한 우주의 일부라는 사실을 알았습니다. 그리고 정말로 우주를 자기 집처럼 편안하게 느꼈습니다.

주

1쪽	우리은하가 속한 국부 은하군에 있는 은하는 모두 50개가 넘습니다. 그리고 해가 갈수록 더 많은 은하가 발견되고 있어요.
5쪽	우리은하에는 수천억 개의 별이 있고, 태양은 그중 하나의 별에 지나지 않아요.
6쪽	태양과 그 이웃 별들은 우리은하 중에서 오리온팔(Orion Arm)에 있어요. 그림의 행성들은 정확한 비율대로 그린 것이 아니에요.
8쪽	칼은 뉴욕 시 브루클린의 벤슨허스트에서 살았는데, 이곳 주민은 대부분 이민자였어요. 칼의 아버지는 의류 공장에서 일했고, 어머니는 집에서 일하며 칼과 칼의 여동생을 보살폈어요. 부모님은 어릴 때부터 칼의 호기심을 북돋으며 공부를 열심히 하게 했어요.
10쪽	칼은 "나는 오래전인 1939년, 완벽했던 하루가 끝나던 순간을 기억해요. 내 생각에 엄청난 영향을 미쳤던 날이었죠. 바로 부모님이 나를 뉴욕 세계 박람회에 데려갔던 날이었어요."라고 말했습니다.
16~17쪽	칼은 별에 관한 책을 읽은 느낌을 이렇게 말했습니다. "거대한 우주가 내 앞에 펼쳐졌지요……. 거기에는 장엄함과 웅장함이 있었고, 그 후로 그 거대한 크기에 대한 느낌은 한 시도 날 떠나지 않았습니다." 그 당시에는 태양계의 행성은 모두 9개가 있다고 생각했어요.
18쪽	칼은 여덟 살 무렵에 우주의 다른 곳에도 분명히 생명이 산다고 믿었습니다.
19쪽	이 그림은 칼이 어린 시절에 그렸던 그림에서 영감을 얻어 그린 것입니다. 칼이 열 살 때 자신의 미래 모습을 그림으로 표현한 것이에요. 칼이 그린 그림은 미국 의회 도서관 칼 세이건과 앤 드루이언 기록 보관소의 세스 맥팔레인 컬렉션에 보관되어 있습니다.
20~21쪽	과학 소설은 칼의 호기심을 부채질했습니다. 열 살 때 칼은 에드거 라이스 버로스가 쓴 화성에 관한 과학 소설 시리즈를 좋아했어요. 어른이 되고 나서 칼 세이건은 『콘택트』라는 과학 소설을 썼는데, 이 작품은 영화로도 만들어졌어요.
23쪽	칼은 시카고 대학과 캘리포니아 대학(버클리 캠퍼스)을 다녔고, 스물여섯 살 때 박사 학위를 받았어요.
24~25쪽	칼은 미국항공우주국(NASA)이 추진한 우주 탐사 계획에 거의 다 참여했고, 새로운 발견에서 받는 놀라움을 좋아했어요. 칼은 "지금 이 순간에 이전에 알려진 적이 없던 세계를 근접 촬영한 모습을 보는 것은 행성간 과학자의 인생에서 매우 큰 즐거

움 중 하나입니다."라고 말했어요. 그림에 나타난 매리너 2호는 금성을 최초로 방문한 우주 탐사선이고, 매리너 9호는 화성 주위의 궤도를 최초로 돈 우주 탐사선이며, 파이어니어 10호는 목성을 처음 방문한 우주 탐사선입니다. 칼의 컴퓨터 화면은 그 당시에는 흑백이었겠지만, 바이킹 1호의 착륙 장면과 일치시키기 위해 일부러 컬러로 나타냈습니다.

26~27쪽 칼은 사람들이 과학을 잘 이해해야 한다고 생각했습니다. 이를 위해 그는 인기 있는 텔레비전 쇼였던 '자니 카슨 쇼'에 26번이나 출연했습니다. 또 칼이 출연한 〈코스모스(cosmos)〉는 전 세계에서 5억 명 이상이 시청했어요.

28쪽 칼은 사람들이 우리가 단지 이 세계와 이 우주의 일부일 뿐만 아니라, 우리와 이 세계가 실제로 별과 똑같은 물질로 이루어져 있다는 사실을 이해하길 원했어요. 밤하늘에 보이는 별들은 그저 반짝반짝 빛나는 점들에 불과한 게 아니에요. 별들은 우리와 떼려야 뗄 수 없는 관계에 있어요.

29쪽 두 보이저호는 행성들의 중력을 이용하는 중력 도움이라는 방법을 사용해 날아갔어요. 그림에서는 보이저호가 날아간 경로를 간단하게 나타냈어요.

30~31쪽 칼은 보이저 1호와 보이저 2호에 실어 우주로 보낼 메시지를 만드는 팀을 이끌었어요. 그들은 메시지에 지구에 사는 사람들과 생물을 광범위하게 포함시키려고 노력했어요. 칼은 외로움과 연결의 갈망을 담은 음악을 포함시켰어요. 금으로 만든 음반에는 칼의 여섯 살짜리 아들인 닉이 "Greetings from the children of planet Earth(행성 지구의 어린이들이 보내는 인사)"라고 녹음한 목소리도 들어 있어요. 나중에 칼의 아내가 된 앤 드루이언이 칼과 사랑에 빠진 순간의 심장 박동 소리도 녹음했어요. 앤은 그 음반은 우주에 존재할지 모르는 다른 지적 생명체에게 "우리는 우주 시민이 되길 원해요. 우리는 여러분이 우리에 대해 알길 원해요."라는 메시지를 보낸 것이라고 말했지요.

32~33쪽 1990년에 칼은 보이저 1호가 지구가 보이는 궤도에서 영영 벗어나기 전에 그 카메라로 마지막으로 사진을 한 장 찍어 달라고 부탁했어요. 그림에 나온 지구 사진이 바로 그것이에요. 이 사진은 '창백한 푸른 점'이라고 부르는데, 칼은 같은 제목으로 유명한 글을 썼어요. 이제 두 보이저호는 지금까지 인류가 지구에서 보낸 인공 물체 중 가장 먼 곳을 날아가고 있어요. 2013년 9월 12일에 미국항공우주국은 보이저 1호가 인공 물체 중에서 최초로 우리 태양계를 벗어나 성간 공간(interstellar space)으로 나아갔다고 확인했어요. 두 보이저호는 앞으로도 수십억 년간 그렇게 계속 날아갈 거예요.

참고 문헌

The Carl Sagan Portal: carlsagan.com.

The Cosmos: A Personal Voyage. Directed by Adrian Malone. PBS, 1980.

Davidson, Keay. *Carl Sagan: A Life*. New York: John Wiley & Sons, 1999.

Head, Tom, ed. *Conversations with Carl Sagan*. Jackson, Mississippi: University Press of Mississippi, 2006.

NASA' Carl Sagan page: solarsystem.nasa.gov/people/profile.cfm?Code=SaganC.

Poundstone, William. *Carl Sagan: A Life in the Cosmos*. New York: Henry Holt & Company, 1999.

Radiolab, "Carl Sagan and Ann Druyan' Ultimate Mix Tape": npr.org/2010/02/12/123534818/carl-sagan-and-ann-druyans-ultimate-mix-tape.

Sagan, Carl, et al. *Murmurs of Earth: The Voyager Interstellar Record*. New York: Random House, 1978.

Sagan, Carl. *Cosmos*. New York: Random House, 1980.

Sagan, Carl. *Pale Blue Dot: A Vision of the Human Future in Space*. New York: Random House, 1994.

Sagan, Carl. "Wonder and Skepticism," keynote address at the CSICOP Conference, Seattle, WA, June 23-26. *Skeptical Inquirer* 19, no. 1, January/February 1995.

Sagan, Carl. *The Demon-Haunted World: Science as a Candle in the Dark*. New York: Ballantine Books, 1996.

Sagan, Carl. *Billions and Billions: Thoughts on Life and Death at the Brink of the Millenium*. New York: Ballentine Books, 1997.

Spangenburg, Ray and Kit Moser. *Carl Sagan: A Biography*. New York: Prometheus Books, 2009.

Voyager Golden Record: goldenrecord.org.

글쓴이·그린이 　스테파니 로스 시슨 Stephanie Roth Sisson

스테파니 로스 시슨은 일러스트레이터로, 60권 이상의 어린이 책에 그림을 그렸다. 오랫동안 칼 세이건의 팬이었는데, 칼에게서 밤하늘을 경이로운 눈으로 바라보는 법을 배웠다. 이 책은 스테파니가 글과 그림을 모두 맡아 만든 첫 번째 책이다. 현재 캘리포니아와 모리셔스 섬을 오가며 살고 있다.

옮긴이 　이충호

서울대학교 사범대학 화학과를 졸업하고, 현재 과학 전문 번역가로 활동하고 있다. 『신은 왜 우리 곁을 떠나지 않았는가』로 2001년 제20회 한국과학기술도서 번역상을 받았다. 옮긴 책으로 『이야기 파라독스』, 『화학이 화끈화끈』, 『59초』, 『내 안의 유인원』, 『많아지면 달라진다』, 『루시퍼 이펙트』, 『행복은 전염된다』, 『우주의 비밀』, 『세계의 모든 신화』, 『사라진 스푼』, 『루시 - 인류의 시작』, 『바다가 아파요』 등이 있다.

칼 세이건
『코스모스』로 우주의 신비를 들려준 천문학자

1판 1쇄 발행 2015년 4월 25일
1판 9쇄 발행 2022년 5월 13일

글쓴이·그린이 스테파니 로스 시슨 ｜ 옮긴이 이충호 ｜ 펴낸이 조추자 ｜ 펴낸곳 두레아이들
등록 2002년 4월 26일 제10-2365호 ｜ 주소 (04075)서울시 마포구 독막로 100 세방글로벌시티 603호
전화 02)702-2119(영업), 703-8781(편집) ｜ 팩스 02)715-9420 ｜ 이메일 dourei@chol.com
블로그 blog.naver.com/dourei

* 책값은 뒤표지에 적혀 있습니다. 잘못 만들어진 책은 구입하신 곳에서 바꾸어 드립니다.
* 이 도서의 국립중앙도서관 출판예정도서목록(CIP)은 서지정보유통지원시스템 홈페이지(http://seoji.nl.go.kr)와
  국가자료공동목록시스템(http://www.nl.go.kr/kolisnet)에서 이용하실 수 있습니다.(CIP제어번호: CIP2015010671)

ISBN 978-89-91550-70-4　77840